Claudine-Thérèse-Fanny

LOHMEYER, née MAILLARD

1822-1891

ÉLOGE FUNÈBRE

DE

MADAME CLAUDINE-THÉRÈSE-FANNY

LOHMEYER, NÉE MAILLARD

Prononcé

EN L'ÉGLISE DE GAN

Le 13 Février 1891

PAR M. L'ABBÉ PÈTRE

M. DCCC. XCI

In memoriâ æternâ erit Justus.
La mémoire du Juste vivra éternellement.

MES FRÈRES,

On a dit, non sans quelque raison, que les grandes douleurs sont muettes ! Je souscris volontiers à cet adage des nations. Il est pourtant des occasions où les cœurs attristés ont besoin de déverser le trop-plein de leurs peines, et où les grandes douleurs doivent s'épancher, pour laisser couler leurs larmes, et donner à leurs gémissements une libre carrière.

Telle est, Mes Frères, la triste circonstance qui nous réunit en ce moment dans le lieu saint, devant ce cercueil, qui renferme la dépouille mortelle de la grande chrétienne que nous pleurons tous.

Madame Lohmeyer, née Maillard, a occupé une place trop grande dans l'estime et la considération publique de la paroisse, pour qu'il ne me soit pas permis de rendre un dernier et suprême hommage à sa mémoire vénérée.

Aussi bien, Mes Frères, sa mort est-elle un deuil public, et, en associant notre douleur à celle de sa famille désolée, nous payons à cette insigne bienfaitrice un juste tribut de filiale reconnaissance.

I

La vie de Madame Lohmeyer s'est écoulée en faisant le bien : le bien dans toute l'acception du mot ; le bien sous toutes les formes et dans toutes les circonstances; le bien, dégagé de toute considération humaine, et dégagé surtout de ce froid sentiment d'égoïsme qui, trop souvent, le dénature, le ravale et l'anéantit.

Chez elle, une grande vertu domine toutes les autres, les absorbe, en quelque sorte, comme elle captive toutes ses facultés et attire toutes ses préférences.

J'ai nommé la Charité ! Ah ! certes, c'est bien à cette enseigne qu'on reconnaît toujours les grands cœurs et les âmes véritablement grandes.

L'amour de Dieu et l'amour du prochain ! Aimer Dieu pour Lui-même, et aimer le prochain en Dieu et pour Dieu ; telle a été son unique ambition et le seul souci de sa vie.

Je passerai sous silence les grandes qualités qui ont distingué cette noble dame..... Que n'aurais-je pas à dire de son esprit si vif, si fin et si pénétrant ; de sa grande intelligence, si cultivée ; de sa vaste érudition ; de ses connaissances si variées ; de son jugement, si droit et si sûr ; de sa prodigieuse mémoire, véritable répertoire de toutes les sciences divines et humaines ?

Faut-il encore parler de l'aménité de son caractère, de l'agrément de sa conversation, de ses relations, si faciles, où une aimable simplicité s'alliait admirablement à une grande distinction ?

Mais, n'est-ce pas encore là le côté le moins intéressant de cette belle existence?

Pourquoi, d'ailleurs, proclamer ces qualités, qui la recommandaient, sans doute, à notre estime et à notre admiration, lorsqu'elle nous fournit un riche sujet d'édification dans les éminentes vertus qu'elle a pratiquées? Sans doute, « si elle était « dans le monde, on peut bien dire « qu'elle n'était pas du monde ; car « elle n'y était que pour Dieu et « pour le prochain. » Ces deux amours embrassent et résument la passion dominante de sa vie.

Chrétienne convaincue, elle pratiquait sans ostentation, comme sans respect humain, ses devoirs de piété.

La Religion était en honneur dans sa maison ; elle occupait toujours la première place à son foyer, comme dans ses affections.

Sa foi était ardente et généreuse : son cœur souffrait de tout ce qui pouvait l'atteindre ou la diminuer chez les autres.

Elle n'aimait pas à faire parade de de ses pratiques. Elle se confondait toujours avec les petits et ne se distinguait d'eux que par sa grande humilité, craignant d'attirer sur elle l'attention et voulant toujours passer inaperçue. Dans le tourbillon du monde et les agitations de la vie, où l'avaient entraînée les devoirs de sa position, elle avait toujours gardé intact le précieux dépôt de la Foi. Cette lumière divine avait toujours dirigé ses pas, éclairé sa voie, inspiré ses mouvements et dicté ses actes : elle avait réalisé, à la lettre, cette pensée des Saints-Livres : Le juste vit de la foi; *Justus meus ex fide vivit.*

Mais, que dirai-je de sa grande foi, de sa piété sincère et profonde, de son ardent amour pour Dieu, durant cette longue et cruelle maladie, qui, pendant onze mois, l'a tenue clouée sur son lit de douleur? Elle a parcouru, sans défaillances, comme sans récriminations, les multiples stations de ce nouveau calvaire, qui devait lui donner tant de traits de ressemblance avec le divin crucifié du Golgotha !

Ah ! je la vois encore, je la vois toujours, calme et souriante au milieu des souffrances qu'elle endure avec un courage héroïque. « Oh ! mon Dieu, mon Dieu ! que votre sainte volonté soit faite ! » dit-elle ; et, forte de sa foi, soutenue par l'espérance des récompenses éternelles, et embrasée de la divine charité, elle accepte encore le calice des souffrances avec résignation et même avec joie.

Un jour, on lui présente le Christ et on l'exhorte à porter la croix avec courage : « Pas de courage, dit-elle en embrassant avec effusion l'image sacrée de notre salut ; pas de courage, parce que je l'aime. »

Parole sublime, Mes Frères, qui traduit et exprime admirablement cette belle maxime du grand évêque d'Hippone : « *Ubi amatur, non laboratur, aut si laboratur, labor amatur.* »

On accomplit sans peine ce que l'on fait avec amour, et, s'il y a de la peine, on aime encore cette peine.

II

Modèle de foi et de charité envers, Dieu, elle a été encore un modèle de charité envers le prochain. Douce, affable, bonne sans réserve, elle était bienveillante pour tout le monde, indulgente et compatissante pour les faibles et les petits. Elle avait en horreur la médisance et la calomnie ; si, quelquefois, elle se permettait d'innocentes taquineries et de spirituelles plaisanteries, ce n'était jamais à l'égard d'une personne absente ou incapable de se défendre. Un jour on s'autorisait, en sa présence, de juger peu favorablement et même peu charitablement une personne du monde, avec laquelle elle avait eu quelques relations : « N'en parlez pas ainsi, dit-elle, vous ne la connaissez pas bien ; elle est meilleure que vous ne croyez, car je ne l'ai jamais entendue dire du mal de son prochain. »

Reconnaissez à ce trait, Mes Frères, la magnanimité et la grande charité de ce cœur d'élite.

Mais, ce n'était pas encore là le côté dominant de cette vertu, chez Madame Lohmeyer ; le Docteur angélique a caractérisé en quelques mots la générosité d'une âme véritablement grande : *Bonum*, dit saint Thomas, *est diffusivum sui ipsius ;* le Bien, c'est-à-dire un cœur bon, a besoin de donner et de se donner.

Ici, Mes Frères, mon sujet prend des proportions pour ainsi dire infinies; il grandit de toute mon insuffisance et de mon impuissance à le traiter : c'est le déflorer que d'en parler imparfaitement et ce n'est pas dans les limites, forcément étroites, d'un éloge funèbre qu'il peut être renfermé. Il faudrait des volumes pour raconter ses grandes libéralités et les mille industries de son immense charité. Oh! vous, chers pauvres de la paroisse de Gan, vous que Madame Lohmeyer appelait avec tant de complaisance et de vérité « ses bons amis », vous ne me démentirez pas lorsque je dirai qu'elle était votre bonne mère et comme une seconde Providence.

Économe jusqu'à la parcimonie, avare même quand il s'agissait d'elle-même, elle était prodigue pour les pauvres et les malheureux : elle partageait leurs souffrances, elle souffrait de leurs privations, de leurs épreuves et de leurs misères et leurs plaintes allaient droit à son cœur. Elle donnait sans compter, elle donnait toujours, elle donnait encore, et lorsqu'elle avait épuisé sa bourse, elle empruntait pour donner encore....

Mes Frères, dans cet hommage public rendu à la mémoire de la grande bienfaitrice de la paroisse, je salue respectueusement et j'adresse l'expression émue de ma vive et profonde condoléance aux membres de sa famille chérie, en qui revivent, pour se perpétuer, les traditions de foi, d'honneur et de charité que nous avons admirées dans leur chère tante et qui ont été l'ornement de sa vie. Elle leur laisse, avec l'exemple de vertus éclatantes, un nom béni, une mémoire vénérée.

Nous, ses enfants d'adoption, nous conserverons religieusement le souvenir de ses bienfaits ; oui, nous lui élèverons dans nos cœurs un monument indestructible et impérissable, le monument de la reconnaissance et de la piété filiale.

III

La mort des saints, a dit le Psalmiste, est précieuse devant le Seigneur : *Pretiosa in conspectu Domini mors sanctorum ejus.* Confiante en

Dieu, dont elle avait toujours médité les jugements, elle voyait arriver la mort avec le calme et la sérénité du juste. Aussi, lorsque l'heure de la délivrance est arrivée, elle n'a été nullement surprise. Elle a pu dire avec sécurité à son Dieu qui allait devenir son juge : Seigneur, me voici !

Mes Frères, la fin de Madame Lhomeyer a été le digne couronnement de sa belle existence. Sa longue maladie a été pour nous un sujet continuel d'édification. Dans les diverses phases qu'elle a présentées, nous avons cru voir, et nous avons vu réellement comme une intervention surnaturelle, qui, déroutant la science, trompait et déjouait tour à tour, nos craintes et nos espérances.

Il semblait que la terre, voulût retenir encore celle qui l'avait habitée en faisant le bien, et qui y avait établi le siège de ses royales libéralités. Le ciel, de son côté, paraissait réclamer comme son bien cette fleur, épanouie dans son sein, et qui avait répandu abondamment parmi les hommes le parfum de toutes les vertus chrétiennes. Mais cette lutte ne pouvait durer, elle devait se terminer par une éclatante victoire. Comme un beau fruit, arrivé à sa parfaite maturité, se détache de lui-même, sans secousse, de la branche qui l'a porté, ainsi, sa belle âme, riche de mérites et mûre pour le ciel, s'est séparée, sans effort, du corps qu'elle avait habité, pour s'envoler vers les tabernacles éternels.

Et maintenant, Mes Frères, elle n'est plus celle que tout le monde en général et les pauvres en particulier appelaient du beau nom de Madame ; ce mot a ici une signification particulière. Il dit, à lui seul, tout le prestige et toute l'influence qu'exerçait autour d'elle et au loin Madame Lohmeyer.

En disant qu'elle n'est plus, je me trompe heureusement ; son cœur est là et, grâce à Dieu, elle nous reste. Conformément à sa volonté religieusement et fidèlement exécutée, son corps demeure parmi nous ; il reposera parmi nos morts. Mais de la fosse où ses restes vénérés vont descendre, elle nous parlera encore. *Ecce defuncta adhuc loquitur.* Vivante, elle avait horreur du faste et de la représentation ; morte, elle nous prêche l'humilité et la pauvreté. Voilà pourquoi elle a voulu être portée à sa dernière demeure par les pauvres ; voilà pourquoi elle a voulu être enterrée comme les pauvres.

Les pauvres !! ah ! ils perdent en elle une grande bienfaitrice ; les orphelins, une mère tendre ; les œuvres paroissiales et diocésaines un puissant soutien.

Mais Dieu l'a voulu ainsi ! Inclinons-nous sous sa main adorable et acceptons avec courage la grande épreuve qu'il nous envoie. Que notre dernier mot soit le *fiat voluntas* du chrétien généreux.

Oui, Seigneur, que votre sainte volonté soit faite !

Quant à nous, profondément attristés, mais pourtant résignés, nous aimerons souvent dans cette église, que cette excellente chrétienne a tant aimée, sur sa modeste tombe, nous aimerons, dis-je, à répandre nos prières avec nos larmes.

O mon Dieu, Dieu de bonté et de miséricorde ! Donnez, hâtez-vous de donner, je vous en conjure, à votre fidèle servante, la paix et le repos éternel !

Oui, Seigneur, que la lumière céleste brille pour toujours à ses yeux, dans la gloire du Ciel !!!

Ainsi-soit-il !

IMPRIMÉ PAR LES SOINS DE LA LIBRAIRIE TECHENER

(H. LECLERC ET P. CORNUAU)

A PARIS

—

M. DCCC. XCI

Châteaudun. Imprimerie J. Pigelet

www.ingramcontent.com/pod-product-compliance
Ingram Content Group UK Ltd.
Pitfield, Milton Keynes, MK11 3LW, UK
UKHW021929190726
13853UKWH00002B/933

9 782329 590219